Université de France.

ACADÉMIE DE STRASBOURG.

THÈSE

POUR LA LICENCE,

PRÉSENTÉE ET SOUTENUE PUBLIQUEMENT

A LA FACULTÉ DE DROIT DE STRASBOURG,

Le lundi 21 mai 1838, à midi,

PAR

L. G. FRIEDEL,

BACHELIER ÈS-LETTRES ET EN DROIT,

DE STRASBOURG (DÉPARTEMENT DU BAS-RHIN).

M. RAUTER, DOYEN.

Président, M. RAUTER.

Examinateurs. MM. RAUTER, HEPP, HEIMBURGER, Professeurs. BRIFFAULT, Professeur suppléant.

La Faculté n'entend approuver ni désapprouver les opinions particulières au candidat.

STRASBOURG,

IMPRIMERIE DE G. SILBERMANN, PLACE SAINT-THOMAS, 3.

1838.

DROIT CIVIL FRANÇAIS.

DU MANDAT.

CHAPITRE PREMIER.

DU MANDAT EN GÉNÉRAL.

§ 1er. *Nature et forme du mandat.*

Le mandat est un contrat consensuel synallagmatique imparfait, par lequel une personne confie la gestion d'une ou plusieurs affaires à une autre qui s'oblige à agir pour le mandant et ordinairement en son nom.

Deux conditions sont essentielles à la formation de ce contrat, le consentement des parties et une chose sur laquelle porte ce consentement.

Nous disons dans la définition : et ordinairement en son nom; car il est certains mandataires qui agissent en leur propre nom, tels que les commissionnaires (art. 91 du Code de commerce), et ceux qui déclarent un command. La seule différence qui existe entre ces mandataires et ceux qui agissent au nom de leurs commettants, c'est que les premiers s'obligent personnellement envers les tiers avec lesquels ils traitent, tandis que les seconds ne sont que l'organe de leurs commettants, qui demeurent seuls tenus des obligations contractées en leur nom par leurs mandataires.

En Droit romain, le principe que nul ne peut stipuler pour autrui, était appliqué avec tant de rigueur, que le mandataire était obligé de traiter en son propre nom, et le mandant n'avait d'action contre les tiers que par le bénéfice de la cession des actions.

La différence essentielle entre le louage d'ouvrage ou d'industrie et le mandat consiste dans la nature des objets qui font la matière de ces deux contrats. Dans le louage, l'une des parties s'oblige à fournir à l'autre ses services moyennant un salaire; dans le mandat, au contraire, le mandataire s'oblige à représenter le mandant dans des actes juridiques, à l'obliger envers les tiers ou les tiers envers lui.

Le mandat est gratuit de sa nature, mais il ne l'est pas de son essence. C'est un contrat basé principalement sur la confiance et l'amitié, et, à moins d'une convention contraire, le mandataire ne pourrait exiger un salaire. Ainsi le Code reconnaît deux espèces de mandats: le mandat gratuit et le mandat salarié; mais cette distinction n'est d'aucune importance. Il n'est pas toujours nécessaire que la convention de salaire soit expresse; elle peut résulter des rapports qui existent entre les deux parties de leurs qualités, principalement de celle du mandataire et de la nature de l'affaire.

Le mandat est un contrat non solennel; il n'est par conséquent soumis à aucune formalité particulière; il est parfait par le seul consentement des parties. Ce consentement de la part du mandant constitue l'acte de mandat ou la procuration. Il peut être donné par acte public, sous seing privé, par lettre et verbalement, mais la preuve n'en est reçue que conformément aux règles énoncées aux art. 1341 et suivants du Code civil. Le mandat, à l'exception des cas indiqués aux art. 1539 et 1578 du Code civil, ne se forme pas tacitement, comme cela avait lieu anciennement, car le Code, art. 1372, a rangé les engagements qui naissent dans le cas indiqué dans la loi 6, § 2. *D. Mand.*, au nombre des engagements qui se forment sans convention.

Le consentement de la part du mandataire se manifeste par l'acceptation expresse ou tacite du mandat. L'acceptation expresse est celle qui résulte de la déclaration que fait le mandataire, soit dans l'acte de mandat même, soit postérieurement, qu'il s'oblige à exécuter le mandat; l'acceptation tacite résulte de la simple exécution. Elle pourrait même résulter de certaines circonstances antérieures à l'exécution, telles que celles citées par Pothier, sect. 3, chap. Ier, du Mandat.

Le titre ou la procuration ne sert qu'à la preuve du contrat. Il est souvent nécessaire à son exécution; ainsi pour certains actes il faut que le mandataire soit muni d'une procuration authentique (art. 933 et 2127 du Code civil). Si le contrat est formé par acte sous seing privé, il n'est pas nécessaire que l'acte soit fait en double original, car l'art. 1325 s'applique seulement aux contrats synallagmatiques parfaits.

Le mandat peut être pur et simple, à terme ou sous condition.

§ 2. *Par qui et à qui le mandat peut-il être donné.*

En général, celui qui a la capacité de faire une chose peut charger un mandataire de la faire; ainsi le pouvoir donné par le mandant est nécessairement circonscrit dans celui qu'aurait le commettant lui-même s'il agissait en personne. D'où il suit que le mineur émancipé et la femme mariée, non autorisée par son mari, lorsqu'elle est séparée de biens, peuvent conférer un mandat valable pour les actes d'administration.

Quant aux engagements contractés par suite du mandat, soit envers leurs mandataires, soit envers les tiers, par des personnes que la loi déclare incapables de contracter (art. 1124), ils sont réglés par les dispositions de l'art. 1125.

Les mêmes principes s'appliquent au cas où le mandat donné par une personne capable, a été accepté par un mineur émancipé ou une femme mariée non autorisée par son mari. Ainsi l'art. 1990, en permettant de leur conférer un mandat valable, ne les a pas privés des droits attachés à leur qualité, car le mandant n'a d'action contre le mandataire mineur que d'après les règles générales relatives aux obligations des mineurs, et contre la femme mariée qui a accepté le mandat sans autorisation du mari, que d'après les règles établies au titre du contrat de mariage et des droits respectifs des époux. L'art. 1990 n'a pas dérogé non plus aux règles établies aux art. 212 et suivants du Code, car il ne permet pas à la femme mariée d'exécuter le mandat contre la volonté du mari ; ce dernier a certainement le droit de s'y opposer, mais s'il ne le fait pas, il est censé y consentir, sous la condition cependant que cette gestion ne nuira pas à ses droits.

La disposition de l'art. 1990 ne doit cependant pas être considérée comme limitative ; elle doit s'étendre même aux mineurs non émancipés. En effet, dans ce contrat la capacité du mandant n'est à considérer que sous le rapport des obligations que ce dernier contracte envers le mandat. A l'égard des tiers le mandataire ne contracte aucune obligation personnelle, car il ne gère pas ses propres intérêts ; et le mandant, en lui conférant un mandat, a jugé sa capacité suffisante. D'ailleurs lui seul est intéressé à ce que ses affaires soient bien gérées, et le préjudice qu'il pourra souffrir n'est que la conséquence de la faute qu'il a commise en remettant ses intérêts à une personne qui n'avait pas la libre faculté de s'engager.

§ 3. *De l'objet du mandat.*

Pour qu'un objet puisse valablement faire la matière de ce contrat, il faut qu'il ajoute aux conditions générales, qu'il doit réunir dans tous les contrats, les deux conditions suivantes : 1° que la loi ne défende pas de le confier à une autre personne; ainsi on ne pourrait ni tester, ni se marier par procureur, 2° qu'il soit une chose à faire et non déjà faite.

Il n'est pas nécessaire que cet objet concerne les affaires du mandant; il peut même concerner celle d'un tiers. Cependant, toutes les fois que le mandant n'a aucun intérêt, le contrat n'est pas valable, en ce sens que le mandant n'a pas d'action pour contraindre le mandataire à l'accomplir; mais dès que ce dernier l'a exécuté, l'intérêt du mandant existe, car il devient lui-même responsable envers les tiers, dont il a géré l'affaire.

Il suit de là que lorsque le mandant n'a point d'intérêt, le contrat n'est plus au contrat consensuel; il devient réel, puisque les obligations qu'il produit naissent d'un fait.

§ 4. *Des différentes espèces de mandats et de leur étendue.*

Le mandat peut être général ou spécial. Le premier est ordinairement donné en ces termes: Faire tout ce que le mandataire jugera convenable aux intérêts du mandant, ou bien faire tous les actes que le mandant pourrait faire lui-même Il n'embrasse que les actes d'administration, tels que percevoir les revenus, toucher les capitaux échus, poursuivre les débiteurs, faire les actes conservatoires, passer des baux, dont la durée n'excède pas neuf ans, etc.

Le mandat spécial ne comprend qu'une ou plusieurs affaires déterminées ou toutes les affaires d'une certaine nature seulement. Il est indispensable pour tous les actes de propriété, comme pour faire des ventes autres que celles de simples fruits, accepter une donation ou une succession, hypothéquer, faire un aveu et généralement pour tous les actes qui pourraient compromettre gravement la fortune du mandant.

Le mandat spécial ne s'étend donc qu'aux actes désignés dans la procuration et à ceux qui n'en sont que le complément. Ainsi le pouvoir de vendre renferme celui de donner quittance du prix lorsque la vente est faite au comptant ; mais le pouvoir de louer ne comprend pas celui de toucher les fermages, mais seulement celui de passer le bail et de faire dans l'acte les stipulations qui sont de la nature de ce contrat.

L'art. 1989 du Code donne un autre exemple sur l'étendue du mandat ; il porte que le pouvoir de transiger ne renferme pas celui de compromettre, car dans la transaction c'est le mandataire qui agit, tandis que dans le compromis ce sont les arbitres qui décident, et le mandant peut fort bien ne pas avoir, dans les personnes choisies par son mandataire, la même confiance que dans ce mandataire lui-même.

CHAPITRE II.

DES OBLIGATIONS RESPECTIVES DU MANDANT ET DU MANDATAIRE.

Les obligations directes, essentielles à ce contrat, sont les obligations du mandataire envers le mandant ; celles du mandant envers le mandataire ne sont qu'accidentelles ou incidentes au contrat ; elles naissent seulement à l'occasion d'un fait, car le mandat, ainsi que nous l'avons dit dans la définition, est un contrat synallagmatique imparfait.

§ 1. *Des obligations du mandataire.*

Les trois principales obligations du mandataire sont : 1° D'exécuter le mandat ; 2° de répondre du dol et des fautes qu'il commet dans sa gestion, et 3° de rendre compte de cette gestion. Quoique l'acceptation du mandat soit un service rendu au mandant, l'équité, qui ne permet pas de manquer aux promesses qu'on a faites, impose au mandataire l'obligation d'accomplir le mandat ou de répondre des dommages-intérêts résultant de son inexécution ; mais ces dommages-intérêts ne pourront s'étendre au delà du préjudice réel, souffert par le mandant. Le mandataire peut cependant, pour de justes motifs, être dispensé de cette obligation, mais à charge par lui d'en avertir le mandant, afin que celui-ci prenne ses mesures pour faire exécuter le mandat par quelque autre personne.

Quelquefois même le mandataire ne doit pas exécuter le mandat; ainsi lorsqu'il vient à être informé d'une chose qui eût vraisemblablement empêché le mandat, si le mandataire ne l'eût pas ignorée, il est de son devoir d'en instruire ce dernier et d'attendre de lui de nouveaux ordres.

Quant à l'exécution, le mandataire doit, si l'ordre ou le pouvoir marquent précisément ce qui est à faire, se tenir exactement à ce qui est prescrit; et si le pouvoir est indéfini, il ne doit y donner que les bornes et l'étendue qu'on peut valablement présumer conformes à l'intention du mandant.

Le mandataire n'est pas tenu d'exécuter le mandat par lui-même, il peut toujours valablement se substituer une tierce personne, à moins que cette faculté ne lui ait été expressément interdite par le mandant, ou que l'affaire d'après nature ne doive être exécutée que par le mandataire en personne, sauf la responsabilité du mandataire dans les deux cas indiqués en l'art. 1994. Mais dans tous les cas le mandant peut agir directement contre la personne que le mandataire s'est substituée. Ainsi l'action du mandant contre le substitué est une action directe, qu'il exerce de son propre chef; il aura donc, en cas de faillite du mandataire, seul droit aux sommes et aux dommages-intérêts que devra le substitué, à l'exclusion des autres créanciers du mandataire. Mais d'un autre côté il ne pourra exercer contre le substitué que les mêmes droits que pourrait exercer le mandataire lui-même; car si ce dernier a le droit de se substituer un tiers, il a aussi celui de lui demander compte, puisqu'il doit lui-même le compte général; mais comme à l'égard du substitué il agit toujours en qualité de mandataire, c'est au nom du mandant qu'il aura reçu

2

les sommes payées par le substitué et qu'il aura libéré ce dernier.

Le mandataire répond non-seulement de son dol, mais encore des fautes qu'il commet dans sa gestion, car en acceptant le mandat il promet d'y donner tous les soins qu'exige la nature de l'affaire; néanmoins la responsabilité relative aux fautes est appliquée moins rigoureusement à celui dont le mandat est gratuit qu'à celui qui reçoit un salaire; mais l'appréciation des circonstances et des causes qui peuvent avoir engagé le mandataire à accepter le mandat est entièrement abandonnée à la sagesse du juge. Le mandataire ne pourrait cependant pas opposer la compensation en prouvant qu'il a dans quelques affaires procuré un grand avantage à son commettant. (Arg. art. 1850.)

Tout mandataire est tenu de rendre compte de sa gestion et de faire raison au mandant de tout ce qu'il a reçu en vertu de sa procuration, quand même ce qu'il aura reçu n'eût point été dû au mandant (art. 1993), car c'est au nom de ce dernier qu'il a touché, et c'est aussi contre lui que devra s'exercer l'action en répétition.

Le mandataire devra donc remettre au mandant tout ce qui provient de sa gestion; s'il a touché des sommes d'argent, il peut retenir sur elles les avances, frais et déboursés qu'il aura faits pour le compte du mandant. S'il s'agit d'un objet mobilier, il aura un droit de rétention pour les avances et frais qui auront servi à l'acquisition ou à la conservation de la chose, mais il ne pourra exercer un privilége sur les immeubles que dans le cas où il s'est fait subroger dans les droits du vendeur.

Le compte devra être rendu au mandataire, même lorsque la qualité en vertu de laquelle il avait agi aura cessé. Néanmoins, dans ce cas comme dans le cas de substitution, celui dont les affaires ont été administrées aura une action directe contre le mandataire. Mais si le mandant a perdu la capacité légale de contracter, le compte ne pourra être rendu qu'à la personne légalement chargée de représenter le mandant.

Le mandataire ne doit retirer aucun bénéfice du service qu'il rend à son commettant, c'est pour cette raison qu'il doit les intérêts des sommes qu'il a employées à son usage à dater de cet emploi, et de celles dont il est reliquataire, à compter du jour qu'il est mis en demeure, sans préjudice des peines portées par les art. 593 du Code de commerce, 402 et 91 du Code pénal, contre le mandataire qui a dissipé les sommes qu'il a touchées au nom du mandant.

Quand il y a plusieurs fondés de pouvoir ou mandataires établis par le même acte, il n'y a de solidarité entre eux qu'autant qu'elle est exprimée; ainsi chacun n'est tenu que de ce qu'il a géré, mais cette solidarité existe pour la réparation du dommage causé par leur dol ou leur délit commun.

§ 2. *Des obligations du mandant.*

Le mandant peut se trouver obligé envers le mandataire lorsque ce dernier a exécuté le mandat, sans en avoir excédé les bornes. Ses principales obligations consistent; 1° à payer au mandataire les salaires, s'il en a été promis et à lui rembourser les frais et avances avec les intérêts, à dater du jour des avances constatées; 2° à l'indemniser des pertes que lui a causées le mandat, et 3° à la décharger de tous les effets du mandat.

Si les frais et avances ont été faits de bonne foi et s'il n'y a aucune faute imputable au mandataire, le mandant ne pourra pour aucun motif se dispenser de la première obligation; il ne pourra non plus faire réduire les frais sous le prétexte qu'ils auraient pu être moindres ou que l'affaire n'a pas réussi.

Le mandant doit aussi indemniser le mandataire des pertes que celui-ci a essuyées à l'occasion de sa gestion, sans imprudence qui lui soit imputable (art. 2000). L'ancien droit établissait une distinction entre les pertes que le mandataire avait souffertes *ex causa mandati*, et celles qu'il avait éprouvées à l'occasion de l'exécution du mandat, et dans ce dernier cas, le mandant ne devait pas l'indemnité ; mais notre Code a adopté une décision plus équitable, car si la gestion du mandat ne doit procurer aucun avantage au mandataire, au moins ne doit-elle lui causer aucun préjudice.

La solidarité entre plusieurs mandataires n'existe, ainsi que nous l'avons dit plus haut, que par la volonté des contractants, mais elle existe de plein droit pour tous les effets du mandat, en faveur d'un mandataire constitué par plusieurs personnes pour une affaire commune.

CHAPITRE III.

DE L'EFFET DU MANDAT A L'ÉGARD DES TIERS.

Lorsque le mandataire, en contractant avec des tiers, a agi au nom du mandant et a donné aux tiers une connaissance suffisante de ses pouvoirs, si toutefois les bornes du mandat n'ont pas été excédées, le mandant seul est lié par le contrat, et directement obligé envers les tiers, comme s'il avait contracté personnellement, et réciproquement les tiers sont directement obligés envers le mandant. Si le mandataire a agi en son propre nom, le mandant ou les tiers doivent se faire céder l'action. Mais si le mandataire a excédé les bornes de ses pouvoirs, le mandant n'est tenu de ce qui a pu être fait au delà, qu'autant qu'il l'a ratifié expressément ou tacitement. *Ratihabitio mandato æquiparatur ;* et si, en transgressant le mandat, le mandataire a agi contrairement au but que se proposait le mandant, il est libre à ce dernier de ratifier ce qui a été fait ou d'abandonner l'affaire, et dans ce cas il n'est tenu d'aucune obligation. C'est ce qui a lieu lorsque, par exemple, le mandataire a fait une autre affaire même plus avantageuse que celle qui lui avait été indiquée, ou lorsqu'il s'est substitué une autre personne dans les cas où il devait agir lui-même, ou lorsqu'il n'a fait qu'en partie une chose qui, d'après l'intention du mandant, ne devait être exécutée qu'en totalité, ou lorsque de deux mandataires constitués par le même acte pour agir conjointement, un seul a, hors les cas d'urgence, agi sans le concours de l'autre. Mais évidemment il n'en est pas de même lorsque le mandataire a fait l'affaire dont il était chargé à des conditions plus avantageuses, ou lorsqu'il l'a faite d'une autre manière que celle indiquée dans la procuration, pourvu que le résultat soit celui que désirait le mandant.

Il suffit cependant, pour que le mandant soit obligé envers les tiers, que le pouvoir de faire les actes passés par le mandataire paraisse résulter des termes de la procuration, quoique, par une raison inconnue aux contractants, le mandataire ait transgressé les bornes de ses pouvoirs.

La ratification expresse, dont nous avons parlé plus haut, n'est pas soumise aux mentions et énonciations exigées par l'art. 1338 du Code pour la ractification des actes nuls; car il ne s'agit pas de réparer un vice ou une nullité de forme, le mandant ne fait qu'adopter un acte passé en son nom par son commettant, il se met par là au même état, comme s'il l'avait consenti et souscrit lui-même.

Le mandataire n'est obligé envers les tiers que lorsqu'il a agi en son propre nom, ou dans les cas indiqués en l'art. 1997.

CHAPITRE IV.

DES DIFFÉRENTES MANIÈRES DONT LE MANDAT FINIT.

Le mandat finit par la révocation du mandataire, par la renonciation de celui-ci au mandat, par la mort naturelle ou civile, l'interdiction ou la déconfiture soit du mandant, soit du mandataire (art. 2003).

Le mandant peut révoquer sa procuration quand bon lui semble, car le contrat n'a eu lieu que dans son intérêt. Mais pour que la révocation soit efficace, il ne suffit pas de la notifier au mandataire seulement et de lui faire restituer l'écrit qui contient la procuration; il est prudent de notifier aussi cette révocation aux tiers avec lesquels le mandataire devait traiter, et au notaire dépositaire de l'original de la procuration, s'il en a été gardé minute, pour qu'il ne puisse en délivrer une nouvelle expédition.

La révocation peut être expresse ou tacite; elle est tacite par la constitution d'un nouveau mandataire pour la même affaire, et elle a son effet a compter du jour où elle a été notifiée au premier mandataire, même dans le cas où la nouvelle procuration n'aurait pas d'effet, soit par le refus, soit par la mort du mandataire (arg. art. 1037 du Code civil).

Mais si la seconde procuration ne contient pas tous les pouvoirs contenus dans la première, cette dernière n'est révoquée que relativement aux pouvoirs contenus dans la seconde.

Le mandataire peut renoncer au mandat en notifiant sa renonciation, pourvu qu'elle soit faite en temps opportun; car si elle préjudiciait au mandant, le mandataire qui renonce au mandat serait assimilé à celui qui ne l'accomplit pas. Il sera donc tenu des dommages-intérêts résultant de son inexécution, à moins qu'il ne se trouve dans l'impossibilité de continuer le mandat sans en éprouver lui-même un préjudice considérable; car il n'est pas juste que le service que le mandataire a voulu rendre, tourne à son propre préjudice. *Nemini beneficium suum damnosum esse debet.*

Le mandat finit par la mort naturelle ou civile soit du mandant, soit du mandataire; car ce contrat, qui doit son origine à l'amitié et à la confiance, est essentiellement personnel. Cependant, si l'affaire est de nature à ne pouvoir être faite qu'après le décès du mandant, le contrat ne finit point par la mort de ce dernier. Toutefois, en cas de mort du mandant, le mandataire est tenu d'achever l'affaire commencée avant cet événement, s'il y a péril en la demeure; et en cas de mort du mandataire, ses héritiers doivent en donner avis au mandant, et pourvoir en attendant à ce que les circonstances exigent pour l'intérêt de celui-ci. Ils ne pourront donc pas continuer d'agir, mais ils doivent seulement faire en sorte que rien ne périsse par leur négligence.

Le mandat finit encore dans tous les cas où l'une des parties perd l'administration de ses biens ou la capacité légale de contracter, ou lorsqu'il n'y a plus de certitude pour l'une d'entre elles que l'autre remplisse ses engagements; tels sont les cas de faillite, de déconfiture ou d'interdiction soit du mandant, soit du mandataire, que l'interdition ait été prononcée pour les causes indiquées en l'art. 489 du Code, ou qu'elle soit le résultat d'une condamnation (art. 29 du Code pénal).

Outre les cas indiqués par le Code, le mandat finit encore 1° par la cessation des pouvoirs en vertu desquels le mandant a donné le mandat; 2° l'expiration de dix années, suivie de l'envoi en possession provisoire des biens de l'absent qui avait donné le mandat; 3° le changement d'état de l'une ou de l'autre des parties, si ce changement influe sur sa capacité; 4° et finalement par la consommation de l'affaire qui en fait l'objet, l'expiration du temps ou l'arrivée de la condition sous laquelle il a été contracté.

Enfin, de quelque manière que finisse le mandat, tous les engagements que les tiers ou le mandataire ont contractés dans l'ignorance de cette cessation doivent recevoir leur exécution.

JUS ROMANUM.

MANDATI VEL CONTRA.

Mandatum, a manus datione dictum est contractus consensualis, bonæ fidei, quo negotium honestum, ab alio ex fiduciâ commissum, gratis administrandum gerendumque suscipitur.

Contrahitur mandatum verbis, vel litteris, nulli certæ formulæ adstrictis, vel per nuntium, vel per epistolam. Mandati quoque actionem habet qui pro sciente et valente agere, nisi pro invito agit. Semper enim qui non prohibet aliquem pro se intervenire mandare creditur. (L. 60, D. de Reg. jur.)

Mandatum nisi gratuitum nullum est, nam originem ex officio atque amicitia trahit; contrarium ergo est officio merces; interveniente enim pecunia res ad locationem et conductionem potius respicet. (§ 4, L. 1, D. mand.)

Si remunerandi gratia honor intervenerit, erit mandati actio. (L. 6, D. mand.)

Salarium vero incertæ pollicitationis peti non potest. (L. 17, C. mand.)

Mandatum contrahitur quinque modis; sive sua tantum gratia aliquis tibi mandet, sive sua et tua, sive aliena tantum, sive sua et aliena, sive tua et aliena. Ac si tua tantum gratia mandatum sit supervacuum est; cujus enim generis mandatum consilium magis quam mandatum est. Consilii non fraudulenti nulla obligatio est.

Rei turpis nullum mandatum est; et ideo nulla obligatio nascitur inter mandantem et mandatarium. Si vero mandatarius ignoraverit ex inhonestâ causâ mandari, aut illicitum esse quod mandatur, mandati actionem habebit.

Mandatum in diem differri et sub conditione contrahi potest. (§ 12, J. de Mand.)

Qui mandatum suscepit consummare debet; si non impleverit, tenetur, nisi re adhuc integrâ renuntiaverit, vel justas excusationes, puta valetudinem adversam, vel capitales inimicitias, vel inanes rei actiones, allegaverit. Iniquum enim est damnosum alicui esse officium suum.

Diligenter fines mandati custodiendi sunt, nam qui excessit aliud quid facere videtur (L. 5, D. Mand.); non implet mandatum qui aliud agit, licet utilius.

Mandatarius meliorem facere potest conditionem mandantis, deteriorem vero nunquam. Qui pluris emit quam mandatum est habet actionem usque ad pretium statutum.

Procurator dolum et omnem culpam, non etiam improvisum casum, nisi periculum in se receperit, præstare debet; spopondit enim peritiam et industriam negotio gerendo parem.

Quidquid ex negotio gesto retinet, restituit, et si mandantis pecunias in usus suos converterit præstat usuras.

Si plures fuerint mandatarii adversus singulos in solidum competit mandati actio directa, etiamsi non sit concessum in mandato.

Sicut fructus restituere cogitur is qui procurat, ita sumptus bonâ fide factos repetit, etsi negotio finem adhibere non potuerit.

Repetit etiam si quid damnum ex causâ mandati sentiat, nec vero quod casibus magis quam mandato imputari oportet.

Si plures idem mandaverint, unusquisque pro solido conveniri potest, dummodo ab iis non amplius debito exigatur.

Solvitur mandatum morte mandantis, re adhuc integra; si tamen per ignorantiam impletus est, competere actionem utilitatis causâ dicitur (L. 26, D. Mand.).

Morte quoque ejus cui mandatum est, si is adhuc integro mandato decesserit, solvitur mandatum; et ob id hæres ejus licet executurus fuerit mandatum non habet mandati actionem (§ 3, L. 27, D. Mand.).

Recte quoque mandatum contractum si, dum adhuc integra res sit, revocatum fuerit, evanescit. (§ 9, J. de Mand.).

Finitur tandem si renuntiaverit is cui mandatum fuerat, ita vero ut jus integrum mandatori reservetur, vel per se vel per alium eamdem rem commode explicandi.

PROCÉDURE CIVILE.

DE LA PÉREMPTION D'INSTANCE.

La péremption d'instance est l'anéantissement de l'instance par la discontinuation de poursuites pendant le temps réglé par la loi.

C'est une sorte de prescription du procès introduite en faveur du défendeur et fondée sur la présomption légale que le demandeur a renoncé à l'instance, et sur l'intérêt public qui exige que les procès devant les tribunaux cessent après un certain délai. Elle court contre les mineurs, l'État, le roi et en général contre toute espèce de personnes indistinctement. Le délai est de trois ans, pour toutes espèces d'instances, même lorsque la durée de l'action est limitée à un temps moins long; il court à dater de la dernière poursuite faite pour l'une ou l'autre des parties; il est augmenté de six mois dans tous les cas où il y a lieu à reprise d'instance ou à constitution de nouvel avoué. La péremption est suspendue, lorsque, par un événement de force majeure, le demandeur est dans l'impossibilité de faire des poursuites.

La péremption n'a pas lieu de plein droit devant les tribunaux ordinaires; elle ne peut être proposée que par voie d'action, et jamais par voie d'exception. Elle se couvre par des actes valables faits par l'une ou l'autre des parties, et, s'il y a plusieurs demandeurs en cause, l'interruption faite par l'un d'entre eux profite à tous les autres; car il faut considérer l'instance comme une chose indivisible, même lorsque l'action ou l'objet du procès serait de sa nature divisible. Pour qu'un acte interrompe valablement la péremption, il ne doit être ni nul à la forme, ni étranger à l'instruction ou frustratoire; la signification n'est nécessaire que lorsque l'acte est de sa nature sujet à signification. Quant à la demande en elle-même, elle doit être jugée comme une véritable demande incidente; elle est formée, s'il est possible, par requête d'avoué à avoué, si non par assignation, et elle est portée au tribunal devant lequel l'instance a été liée. Si elle est valablement formée, elle empêche par elle seule tous actes interruptifs.

L'effet de la péremption acquise et déclarée est de faire tomber l'instance, et avec elle tous les effets de l'assignation et de la contestation en cause, ainsi que toutes les preuves acquises pendant l'instruction; mais la tentative de conciliation ne se périme pas, car elle ne fait point partie de l'instance. Les demandes incidentes du défendeur ne se périment qu'avec la demande principale. La péremption n'éteint pas l'action, mais elle peut l'éteindre indirectement, lorsque le temps requis pour la prescription de l'action expire depuis l'assignation, car alors l'interruption de la prescription, opérée par l'assignation, est considérée comme non avenue. Si l'instance périmée frappe sur une instance d'appel, son effet est de donner au premier jugement la force de la chose jugée définitivement. Tous les frais de la procédure périmée tombent à la charge du demandeur principal.

DROIT COMMERCIAL.

DES DROITS DES FEMMES EN CAS DE FAILLITE.

La protection sage et éclairée que les auteurs du Code civil ont accordée à la femme, et les soins religieux avec lesquels ils ont défendu sa fortune particulière contre la dissipation et la mauvaise administration du mari, sont devenus dans le commerce la source des plus grands abus et des fraudes les plus scandaleuses. Souvent un commerçant, pour se préparer un moyen de soustraire sa fortune à ses créanciers légitimes, reconnaissait en se mariant une forte dot qu'il n'avait réellement pas reçue, et faisait à sa femme des avantages proportionnés à cette dot; ensuite par des acquisitions d'immeubles sous le nom de la femme, des actes simulés, et une séparation de biens adroitement combinée avant l'ouverture de la faillite, la femme avec sa dot factice, ses avantages matrimoniaux, ses acquisitions prétendues, et les indemnités pour les dettes qu'elle n'avait pas payées, absorbait toute la fortune du mari.

Ce fut la nécessité de réprimer de pareils scandales et de rétablir le crédit dans le commerce qui a provoqué les restrictions contenues dans la section qui nous occupe. Si ces dispositions paraissent dures, injustes, contraires à la nature des contrats, elles sont justifiées par la facilité avec laquelle les femmes se sont prêtées à des manœuvres frauduleuses, et principalement par la considération qu'elles n'atteindront pas les époux de bonne foi. Elles n'ont d'ailleurs été établies qu'en faveur des créanciers du mari; ce dernier, ni ses héritiers ne pourront jamais s'en prévaloir, et elles ne reçoivent leur application que lorsque la faillite a été déclarée; d'où il suit que si le mari est décédé avant cette époque, quelque insolvable que soit sa succession, il n'y aura pas lieu à appliquer ces dispositions; car les lois d'exception ne peuvent être étendues au delà des limites que le législateur leur a tracées.

Le principe qui domine toute cette matière est que la femme retirera ce qu'elle a réellement apporté; quant aux libéralités il n'en sera plus question. Mais dans l'application la loi est sévère, défiante; elle exige que la femme, pour conserver ses droits, en justifie par des preuves légales.

Sous quelque régime qu'ait été formé le contrat de mariage, si la femme n'a pas fait entrer ses immeubles en communauté, elle reprend en nature les immeubles qu'elle avait en se mariant, ainsi que ceux qui lui sont avenus depuis à titre de succession, de donation ou de legs, à charge par elle de justifier que ces biens lui appartenaient avant le mariage, ou de représenter des titres en bonne forme en vertu desquels les immeubles lui sont avenus. Elle reprend pareillement les immeubles acquis par elle et en son nom des deniers provenant desdites successions ou donations, pourvu que les conditions prescrites par l'art. 546 aient été remplies, savoir : que les immeubles aient été acquis par la femme elle-même, que la déclaration d'emploi ait été expressément stipulée dans le contrat d'acquisition, et que l'origine des deniers ait été constatée par inventaire ou par tout autre acte authentique. Dans tous les autres cas, excepté dans le cas de l'art. 546, la présomption légale est que les biens acquis par la femme du failli appartiennent à son mari, sont payés de ses deniers, et doivent être réunis à la masse de son actif, sauf à la femme à fournir la preuve du contraire; mais elle ne pourrait pas invoquer le bénéfice de l'art. 1415 du Code civil, car autrement on retomberait dans le mal que la loi a voulu prévenir.

La même présomption existe en faveur des créanciers, lorsque la femme a payé des dettes pour son mari; ainsi, dans ce cas, la subrogation dans les droits du créancier ne serait d'aucun effet; la femme, pour exercer une action dans la faillite devra prouver qu'elle a fait le payement avec ses propres deniers, car elle ne peut retirer des biens dont la source est inconnue.

Quant aux objets mobiliers, tels que bijoux, diamants, vaisselle, meubles meublants et autres, qui servent à l'usage de la femme, et qui pour cette raison lui étaient autrefois facilement abandonnés, ils demeurent acquis aux créanciers, sans que la femme puisse en recevoir autre chose que les habits et linges qui lui sont accordés d'après les dispositions de l'art. 529, ni exercer à raison de ces objets aucune action dans la faillite. Néanmoins la femme pourra reprendre les effets mobiliers ci-dessus déterminés, qu'elle pourra justifier par état légalement dressé, annexé aux actes, ou par bons et loyaux inventaires, lui avoir été donnés par contrat de mariage, par d'autres que le mari, ou lui être advenus par succession seulement. Mais les reprises de la femme ne s'étendent pas aux objets de cette nature qui lui auraient été donnés ou qu'elle aurait acquis pendant le mariage, car la fraude serait trop facile.

La femme ne pourra exercer, dans la faillite, aucune action à raison des avantages portés au contrat de mariage; ces donations sont contractées sous la condition tacite et suspensive qu'il n'y aura pas de faillite; mais par une sorte de réciprocité réclamée par l'équité, les créanciers ne pourront se prévaloir des avantages faits par la femme au mari dans le même contrat.

La femme dont le mari était commerçant à l'époque de la célébration du mariage n'aura hypothèque, pour les deniers ou effets mobiliers qu'elle justifiera par actes authentiques avoir apportés en dot, pour le remploi de ses biens aliénés pendant le mariage, et pour l'indemnité des dettes par elle contractées avec son mari, que sur les immeubles qui appartenaient à son mari à l'époque ci-dessus, et non sur ceux qu'il aurait acquis depuis. Mais l'art. 551 ne parle pas des biens qui pourraient être avenus à la femme à titre de succession, de donation ou de legs, c'est une injustice, ou plutôt un oubli, une inconséquence de la loi. Mais comme les époux pourraient facilement échapper à la restriction contenue dans l'art. 551, la loi a assimilé à cet égard à la femme dont le mari était commerçant à l'époque de la célébration du mariage, la femme qui aura épousé un fils de négociant n'ayant à cette époque aucun état ou profession déterminée; et la femme dont le mari avait à cette époque une profession déterminée autre que celle de commerçant et qui ferait le commerce dans l'année qui suivrait la célébration du mariage.

La femme qui aura détourné, diverti ou récelé des objets mobiliers appartenant à la masse de la faillite, sera condamnée à les rapporter à la masse et poursuivie en outre comme complice de banqueroute frauduleuse. Pourra aussi, suivant la nature des cas, être poursuivie comme complice de banqueroute frauduleuse, la femme qui aura prêté son nom ou son intervention à des actes faits par le mari en fraude de ses créanciers; mais la nécessité de la poursuite et l'appréciation des circonstances, dans lesquelles la femme aura agi sont abandonnées à l'arbitrage du juge.

Toutes les dispositions dont nous avons parlé plus haut, n'ont pas d'effet rétroactif; elles ne seront pas applicables aux droits et actions des femmes acquis avant la publication du Code. Il n'est pas nécessaire que les droits soient ouverts; ainsi la femme mariée avant ladite publication conservera son hypothèque légale sur les immeubles acquis par son mari avant cette époque, mais non sur ceux acquis depuis.

FIN.

www.ingramcontent.com/pod-product-compliance
Ingram Content Group UK Ltd.
Pitfield, Milton Keynes, MK11 3LW, UK
UKHW020541230726
13925UKWH00006B/2413

9 782014 035247